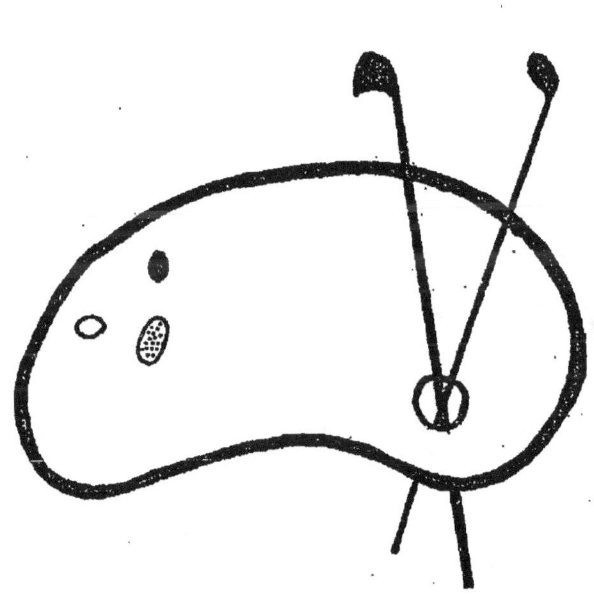

DEBUT D'UNE SERIE DE DOCUMENTS
EN COULEUR

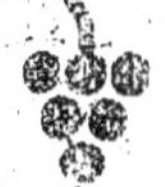

E. MANGENOT

*Professeur d'Ecriture Sainte
à l'Institut catholique de Paris.*

Jésus,

Messie et Fils de Dieu

D'après les Actes des Apôtres

BLOUD & Cie

S. et R. 497

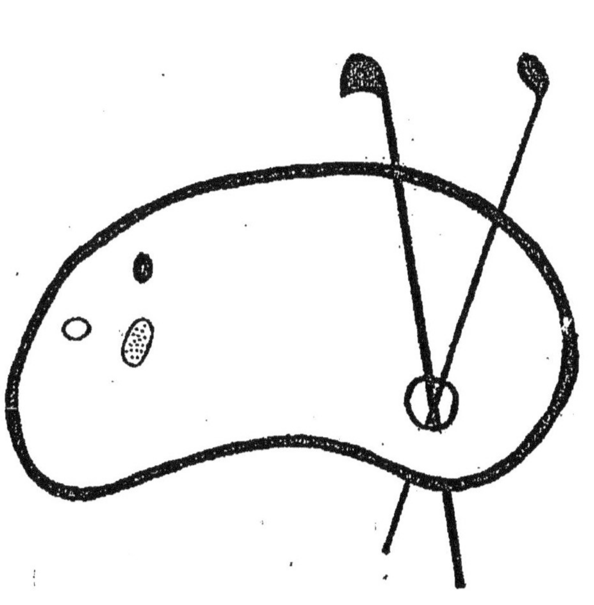

FIN D'UNE SERIE DE DOCUMENTS
EN COULEUR

Jésus, Messie et Fils de Dieu

JÉSUS, MESSIE ET FILS DE DIEU

D'après les Actes des Apôtres

PAR

E. MANGENOT

Professeur d'Ecriture Sainte à l'Institut catholique de Paris.

PARIS

LIBRAIRIE BLOUD & Cie

7, PLACE SAINT-SULPICE, 7

1908

Reproduction et traduction interdites.

MÊME COLLECTION

BATIFFOL (Pierre). — **La Question biblique dans l'Anglicanisme** (*376*).. 1 vol.

CALMES (Th.). — **Comment se sont formés les Evangiles.** *La Question synoptique. — L'Evangile de saint Jean* (*49*).. 1 vol.

Du même auteur. — **Qu'est-ce que l'Ecriture Sainte ?** *Les livres inspirés dans l'antiquité chrétienne. — Théorie de l'inspiration* (*85*).. 1 vol.

Du même auteur. — **L'Apocalypse devant la Tradition et devant la Critique** (*335*).. 1 vol.

CHAUVIN (Constantin), Consulteur de la *Commission biblique.* — **La Bible depuis ses origines jusqu'à nos jours.** 2 vol. se vendant séparément.

   I. — *La Bible chez les Juifs* (*91*)............................ 1 vol.
   II. — *La Bible dans l'Eglise catholique* (*92*)............... 1 vol.

Du même auteur. — **Histoire de l'Antéchrist,** *d'après la Bible et les Saints Pères* (*166*)............................ 1 vol.

PRAT (Ferdinand), Consulteur de la *Commission biblique.* — **La Bible et l'Histoire** (*286*)............................ 1 vol.

Du même auteur. — **Le Code du Sinaï,** sa genèse et son évolution. — SOMMAIRE : *L'Héritier des Patriarches. — Moïse à l'école de l'Egypte et de la Chaldée. — Le Messager de Jéhovah. — La Raison d'Etat. — Légistes et interprètes* (*295*)............... 1 vol.

BROGLIE (M. DE). — **Les Prophéties Messianiques** (*302-303*). 2 vol. Prix.. **1 fr. 20**

COLOMER (B.). — **La Bible et les Théories scientifiques.** *L'Eglise infaillible gardienne des divines Ecritures, son attitude en face de la science* (*109*)............................ 1 vol.

ERMONI (V.). — *La Bible et l'Orientalisme.* **La Bible et l'Egyptologie** (*208*)............................ 1 vol.

Du même auteur. — **La Bible et l'Assyriologie** (*209*).. 1 vol.

Du même auteur. — **La Bible et l'Archéologie syrienne** (*272*). 1 vol.

Du même auteur. — **Jésus et la Prière dans l'Evangile** (*404*). 1 vol.

Du même auteur. — **Saint Paul et la Prière** (*459*)...... 1 vol.

LEPIN (M.). — **Evangiles canoniques et Evangiles apocryphes** (*446-447*). 2 vol. Prix............................ **1 fr. 20**

MÉCHINEAU (Lucien). — **L'Autorité humaine des Livres saints** (*87*)............................ 1 vol.

Du même auteur. — **L'Origine apostolique du Nouveau Testament** (*110*)............................ 1 vol.

Jésus, Messie et Fils de Dieu

d'après les Actes des Apôtres.

Les pages suivantes sont un chapitre — et certes le plus important, puisque la messianité et la filiation divine de Jésus étaient les dogmes fondamentaux de l'Eglise primitive — de la théologie du livre des Actes. Théologie bien négligée, car si on étudie le judéo-christianisme des Douze, l'enseignement apostolique primitif, le type de doctrine apostolique avant saint Paul, etc., on ne se reporte guère qu'aux discours des apôtres et souvent à ceux de saint Pierre seulement, reproduits dans les Actes, et on ne tient pas compte des parties narratives du livre (1), de telle sorte qu'on expose sans doute la doctrine des apôtres, mais pas la foi de saint Luc. En d'autres termes, on se contente généralement d'étudier la théologie des sources du livre, mais pas celle du livre lui-même (2). L'étude que nous avons faite de la

---

(1) M. Tixeront, *Histoire des dogmes*, I. *La théologie anténicéenne*, Paris, 1905, p. 100, ne mérite pas ce reproche, puisqu'il tient compte des récits des Actes, en tant qu'ils traduisent la foi de l'auteur. Le P. Prat, *La Théologie de saint Paul*, Paris, 1907, t. I, p. 81-92, en considérant l'apôtre des gentils comme missionnaire et prédicateur, a analysé les principaux discours de saint Paul, rapportés dans les Actes.

(2) Sans parler des théologiens, dépendants de la critique tendancieuse de Tubingue, qui, comme Immer, prétendent que les écrits de saint Luc représentent la conciliation du paulinisme et du judéo-christianisme, d'autres théologiens, comme B. Weiss, *Lehrbuch der biblischen Theologie des Neuen Testaments*, 6ᵉ édition, Berlin, 1895;

théologie des Actes, a compris les trois couches superposées : 1° des discours de saint Pierre et des premiers prédicateurs hiérosolymitains, tels que les diacres saint Etienne et saint Philippe ; 2° des discours de saint Paul ; 3° des récits de l'auteur, saint Luc, et a ainsi embrassé la doctrine du livre entier, sources et rédaction. On trouvera dans les pages suivantes le résultat de notre enquête sur l'objet principal de la prédication apostolique primitive : Jésus, Messie et Fils de Dieu.

G. B. STEVENS, *The Theology of the New Testament,* Edimbourg, 1901, et J. BOVON, *Théologie du Nouveau Testament,* 2ᵉ édit., Lausanne et Paris, 1905, t. II, p. 51-70, n'examinent que les premiers discours des Actes comme type de la première prédication apostolique avant saint Paul. M. RACKHAM, *The Acts of the Apostels,* Londres, 1901, au c. v de son Introduction, *The Theologie of the Acts,* p. LXIX-LXXVIII, a adopté un plan théorique, correspondant aux divisions de la théologie moderne. Mais à en juger par les discours des apôtres, rapportés dans les Actes, la prédication primitive ne répond à aucun cadre systématique, et il a semblé préférable de l'exposer conformément au but directement pratique, auquel tendaient les hérauts de la bonne nouvelle : annoncer à tous les hommes, Juifs et gentils, Jésus, le Messie attendu et le Fils de Dieu. Tel est vraiment le centre de leur prédication, autour duquel gravitent d'autres points de doctrine, moins importants, qu'on peut omettre sans diminuer la portée de l'enseignement christologique des apôtres, d'après le seul livre des Actes.

PREMIÈRE PARTIE

Jésus, Messie.

La messianité de Jésus a été prêchée par les apôtres aux Juifs et aux païens d'une manière pratique et en dehors de tout esprit de système. Les premiers prédicateurs ne se livraient à aucune spéculation ; ils disaient à leurs auditeurs ce qui importait le plus et ce qui était à la portée d'intelligences ordinaires. Ils donnaient cependant des preuves de leur enseignement messianique, et précisément celles que leur auditoire devait comprendre et accepter le plus aisément. Leur prédication contient aussi des traits épars qui, groupés systématiquement, nous feront connaître la pensée des apôtres sur la nature du Messie, qu'ils annonçaient. Nous constaterons donc, d'abord, la constance et l'unanimité des premiers prédicateurs chrétiens à présenter aux Juifs et aux païens Jésus de Nazareth comme le Messie promis et attendu. Nous examinerons ensuite les preuves qu'ils donnaient de la messianité de Jésus. Nous rechercherons enfin quelle idée ils avaient du Messie, dont ils étaient les apôtres et les hérauts.

CHAPITRE PREMIER

Constance et unanimité à présenter Jésus comme Messie aux Juifs et aux païens.

***

ARTICLE PREMIER

Prédication du Messie aux Juifs.

La prédication messianique des apôtres s'est adressée d'abord aux Juifs. Son originalité, dans ce milieu où on attendait le Messie, a consisté à dire que le Messie était venu et qu'il était Jésus de Nazareth, récemment crucifié par les Sanhédrites, mais ressuscité par Dieu.

Au témoignage de saint Luc, la mission des apôtres était d'être les témoins de Jésus à Jérusalem, dans la Judée et la Samarie et jusqu'au bout du monde, ı, 8. Confiée par Jésus lui-même aux siens le jour de l'Ascension, elle a, au sentiment de beaucoup de critiques, servi de programme à l'auteur des Actes pour la composition de son livre. Les apôtres choisissent un successeur à Judas, parmi les hommes qui accompagnèrent Jésus durant sa vie publique et qui pouvaient être, avec les Onze, les témoins ou les garants de la résurrection, i, 21, 22.

Les apôtres remplirent fidèlement la mission qu'ils avaient reçue. Le jour même de la Pentecôte, pour expliquer les phénomènes extraordinaires qui venaient de se produire et justifier la glossolalie, que quelques-uns attribuaient à l'ivresse, saint Pierre affirme que les temps messianiques sont inaugurés et que l'oracle messianique de Joël a commencé à être réalisé, ii, 16-21. Ce n'est qu'après cette première affirmation qu'il ajoute que le Messie venu est Jésus de Nazareth, homme approuvé de Dieu au milieu des Juifs, que ceux-ci ont fait mourir, mais que Dieu a ressuscité, ii, 22-24, 32, 36. Ce fond historique du premier discours de saint Pierre est la pensée maîtresse de tous les autres. Au temple, après la résurrection du boiteux, l'apôtre déclare au peuple, étonné de ce miracle opéré au nom de Jésus, que le Dieu d'Abraham, d'Isaac et de Jacob a glorifié τὸν παῖδα αὐτοῦ Ἰησοῦν, non pas *filium suum,* comme traduit la Vulgate qui vise peut-être la filiation divine, mais *puerum suum,* iii, 13. Παῖς signifie enfant, serviteur, comme le mot hébreu *'ébéd,* Is., xlii, 1; lii, 13 (1). Il est employé encore Act., iii, 26; iv, 27, 30. Il n'a pas d'autre signification que celle

____

(1) L'auteur de la Vulgate l'a traduit une fois par *puer,* iv, 27, mais plus souvent par *filius,* iii, 13, 26 ; iv, 30.

qu'il a étant appliqué à David, iv, 25 ; Luc, i, 69
(*puer*, dans la Vulgate). « *Non est adhuc* θεολόγος
Petrus, » remarque F. Blass (1). Or ce serviteur
de Dieu, les Juifs l'ont livré à Pilate qui voulait
le mettre en liberté ; ils ont renié ce saint et ce
juste et ont demandé la grâce d'un meurtrier
(Barabbas) ; ils ont fait mourir le prince de la vie
(celui qui rend la vie corporelle et spirituelle),
mais Dieu l'a ressuscité des morts, iii, 13-15. Même
déclaration devant le sanhédrin, iv, 10. Les sanhédrites veulent empêcher Pierre et Jean de
prêcher au nom de Jésus, iv, 18. Rendant grâces à
Dieu de la délivrance des deux apôtres, les fidèles
de Jérusalem parlent de son serviteur Jésus, qu'il
a oint et contre qui Hérode, Pilate, les païens et
les Juifs se sont ligués, iv, 27. Les apôtres conti-
nuèrent à rendre témoignage à la résurrection de
Jésus, iv, 33. Au temple, v, 21, et dans tout Jérusalem, ils faisaient retomber sur les sanhédrites
le sang de cet homme, v, 28. Aimant mieux obéir
à Dieu qu'aux hommes, ils sont décidés à annoncer
à tous que Dieu a ressuscité et exalté à sa droite
ce Jésus, que les sanhédrites avaient fait attacher
à la croix, v, 30-32. Malgré la nouvelle défense
de parler au nom de Jésus, v, 40, heureux d'avoir

(1) *Acta Apostolorum sive Lucæ ad Theophilum liber alter*,
Gœttingue, 1895, p. 67. Cf. H. Couget, *La Divinité de Jésus-Christ.*
La catéchèse apostolique, Paris, s. d. (1906), p. 14, note 7. Cependant, le mot παῖς pourrait avoir ici le sens d'enfant ou de fils,
puisque le Psaume ii, dans lequel le Messie est appelé *fils*, est cité,
Act., iv, 25, 26, avec l'application à Jésus, παῖδά σου, ὃν ἔχρισας,
27, G. Dalman, *Die Worte Jesu*, Leipzig, 1898, t. I, p. 228. Cf.
M. Lepin, *Jésus Messie et Fils de Dieu d'après les Évangiles synoptiques*, 2ᵉ édit., Paris, 1905, p. 340, note 4.

souffert pour ce nom, ils ne cessaient de prêcher chaque jour au temple et dans les maisons et d'annoncer le Christ Jésus, v, 41, 42. Saint Étienne reproche aussi au sanhédrin d'avoir livré à la mort le juste dont les prophètes avaient prédit l'avènement, vii, 52. En mourant, il voit la gloire de Dieu et Jésus debout à la droite de Dieu, vii, 55.

A Samarie, Philippe prêcha le Christ et le royaume de Dieu, viii, 5, 12. Ce diacre annonçait aussi Jésus à l'eunuque de la reine Candace, un prosélyte, viii, 35. Saul, à qui Jésus apparut sur le chemin de Damas, ix, 5; xxii, 8; xxvi, 15, et qui apprit d'Ananie à connaître le juste, xxii, 14, aussitôt après son baptême, prêche dans les synagogues de Damas, confondant les Juifs par ses affirmations que Jésus est le Christ, ix, 22, 27. Saint Pierre à Lydda guérit Enée au nom du Seigneur Jésus-Christ et convertit les habitants de cette ville au Seigneur, ix, 34, 35. Des conversions semblables ont lieu à Joppé après la résurrection de Tabithe, ix, 42. Les fidèles, chassés à Antioche par la persécution, y font connaître Jésus aux Juifs, xi, 20, 21, et les conversions sont approuvées par la communauté de Jérusalem, xi, 22-24. A Salamine, Paul et Barnabé prêchent dans les synagogues la parole de Dieu, xiii, 5, qui d'après viii, 14, 25, comprenait évidemment la messianité de Jésus et le royaume de Dieu. A la synagogue d'Antioche de Pisidie, Paul parle expressément de Jésus, le sauveur d'Israël, annoncé par les prophètes, préparé par Jean-Baptiste, crucifié par les Juifs et ressuscité d'entre les morts, xiii, 23-37.

Partout, les deux missionnaires, Paul et Barnabé, répandent la parole du Seigneur, xv, 35, 36 ; xvi, 6, 32. A la synagogue de Thessalonique, Paul affirme la résurrection de Jésus, xvii, 3. A celle de Corinthe, il mêlait à sa prédication le nom de Jésus et assurait que Jésus était le Messie, xviii, 4, 5. Apollo lui-même, qui n'avait reçu que le baptême de Jean, enseignait à Ephèse *ea quæ sunt Jesu,* xviii, 25, aussi bien qu'en Achaïe, 28. Paul compléta à Ephèse l'enseignement d'Apollo, en disant que Jean n'a été que le précurseur de Jésus, xix, 4. Pendant trois mois, à la synagogue de cette ville, il traite, par la discussion et la persuasion, du royaume de Dieu, xix, 8. Tous les Asiates, Juifs et gentils, entendirent de la bouche de Paul la parole de Dieu, 10 ; cf. 13, 17. Aussi, à Milet, résume-t-il toute sa prédication antérieure en Asie par ces mots : *in Deum pœnitentiam et fidem in Dominum nostrum Jesum Christum,* xx, 21. Il était prêt à mourir à Jérusalem pour le nom du Seigneur Jésus, xxi, 13. Captif à Césarée, il enseigne à Félix et à Drusille, qui était juive, *fidem quæ est in Christum Jesum,* xxiv, 24. Devant les Juifs de Rome, il rend témoignage au royaume de Dieu, et il cherche à les persuader au sujet de Jésus, xxviii, 23. Pendant les deux années de sa captivité à Rome, il fit de même pour tous ceux qui venaient le voir, xxviii, 31.

ARTICLE DEUXIÈME

Prédication du Messie aux païens.

Mais la prédication messianique n'était pas réservée aux Juifs seuls ; elle devait être faite aussi aux gentils. Les apôtres avaient mission d'être témoins de Jésus jusqu'aux extrémités de la terre, ɪ, 8. La promesse n'était pas exclusivement faite aux Juifs et à leurs fils ; elle était destinée à tous ceux qui sont loin et à quiconque Dieu appellera, ɪɪ, 39. Pour le rédacteur du récit de la Pentecôte, les païens devaient recevoir l'Evangile, la prédication de la repentance et le baptême au nom de Jésus pour la rémission des péchés. Bien que Saul ait été spécialement choisi pour cette mission, ɪx, 15 ; xxɪɪ, 14, 15 ; xxvɪ, 17, 18, il n'inaugura pas cependant cette prédication. Deux visions, l'une à Corneille, un centurion païen, x, 3-6, 22, l'autre symbolique, à Pierre, 10-16, expliquée par la démarche de Corneille et la réponse de l'Esprit-Saint, 17-20, amenèrent la conversion et le baptême de Corneille et de sa maison.

Or, dans l'instruction préparatoire, 34-43, Pierre débute par affirmer la vocation des gentils au salut, 34, 35 ; puis, il expose la mission divine de Jésus aux Juifs, mais en ajoutant que Jésus est le Seigneur de tous, 36. Il résume ensuite la vie de Jésus, son ministère commencé après le baptême

de Jean et exercé en Galilée et dans toute la
Judée : « Vous savez comment Dieu a oint du
Saint-Esprit et de force Jésus de Nazareth, qui
allait de lieu en lieu faisant du bien et guérissant
tous ceux qui étaient sous l'empire du diable, car
Dieu était avec lui, » 37,38. Parlant au nom des apôtres, il les dit les témoins de toute la vie de Jésus.
« Les Juifs l'ont tué en le pendant au bois, Dieu
l'a ressuscité le troisième jour, et il a permis qu'il
apparût, non pas à tout le peuple, mais aux
témoins choisis d'avance par Dieu, à nous qui
avons mangé et bu avec lui après qu'il fut ressuscité des morts. Et il nous a ordonné de prêcher
au peuple et d'attester que c'est lui qui a été établi
par Dieu juge des vivants et des morts, » 39-42.
L'apôtre explique sa conduite, xi, 4-17, aux fidèles
de Jérusalem, qui glorifièrent Dieu, en disant :
« Dieu a accordé aussi la repentance aux païens
pour qu'ils aient la vie, » 18.

Saul, l'apôtre des gentils, ne fut pas infidèle à
sa mission. A Paphos, il convertit le proconsul
Sergius Paulus, xiii, 7-12. A Antioche de Pisidie,
après avoir prêché aux Juifs d'abord, il se tourna
vers les païens pour obéir à l'ordre du Seigneur,
et les païens écoutaient la parole de Dieu et glo-
rifiaient le Seigneur, xiii, 46-49. Durant toute
cette mission, en collaboration avec Barnabé, il
agit de même à Iconium et à Lystres, et de retour
à Antioche de Syrie, les deux missionnaires racon-
tèrent comment Dieu avait ouvert aux nations la
porte de la foi, xiv, 26. Le concile de Jérusalem
régla la situation des païens relativement aux
prescriptions de la loi mosaïque, xv. Saint Pierre

y rappela que c'est par sa bouche que Dieu a fait
entendre l'Evangile aux gentils et qu'il a purifié
leurs cœurs, 7, 8. Saint Jacques le reconnut et
justifia par la prophétie d'Amos, ix, 11, l'appel
des gentils au salut, 14, 16. A Athènes, Paul parle
de Jésus aux épicuriens et aux stoïciens, xvii, 18.
Sur l'Aréopage, il déclara que Dieu avait ressuscité des morts l'homme qu'il a désigné pour juger
le monde selon la justice au jour fixé par lui,
xvii, 31. Toutes les prédications de saint Paul aux
païens comme aux Juifs ont été résumées par lui
à Milet dans les vérités que nous avons déjà
citées, xx, 21, parce que les mêmes conditions du
salut messianique étaient faites aux uns et aux
autres. Arrivé à Jérusalem, il salue les anciens
et leur raconte en détail ce que Dieu avait accompli par son ministère au milieu des gentils, xxi, 19.
Festus écrit à Agrippa que les Juifs reprochaient
à Paul de parler d'un certain Jésus défunt, qu'il
affirmait être vivant, xxv, 19. L'apôtre déclare à
Agrippa qu'il a rendu témoignage devant les petits
et les grands, ne s'écartant en rien de ce que les
prophètes et Moïse ont prédit, à savoir, entre
autres, que le Christ annoncerait la lumière au
peuple juif et aux nations païennes, xxvi, 22, 23.
Aux Juifs de Rome enfin, il apprit que le salut
messianique était présenté aux gentils et qu'ils le
recevaient, xxviii, 28 (1).

(1) HARNACK reconnaît dans ce verset la véritable clef du livre des
Actes, car, selon lui, saint Luc se proposait de montrer dans son
récit que, par la volonté de Dieu et sous l'action de sa providence,
le salut messianique, que les Juifs avaient perdu, avait passé aux
païens. *Die Zeitangaben in der Apostelgeschichte des Lukas*,
p. 22-23 (extrait des *Sitzungsberichte der königlisch preussischen*

Il résulte clairement de tous ces textes que les apôtres ont prêché aux Juifs et aux païens Jésus Messie, le Christ historique, prédicateur de la repentance, crucifié par les Juifs et ressuscité par Dieu, devant juger les vivants et les morts. Ils mettaient principalement en relief le caractère historique de Jésus. Ils n'annonçaient pas encore le *Verbe éternel* de saint Jean ni la *forme divine* de saint Paul. Ils s'arrêtaient au Christ de l'histoire (1). Le message des apôtres aux Juifs et aux gentils était identique et il portait directement sur la personne du Messie. Saint Pierre parle comme saint Paul et il faut ne pas tenir compte du livre des Actes pour prétendre, comme l'a fait M. Loisy (2), que l'apôtre des gentils a trouvé à l'Evangile, au rôle et à la personne de Jésus une signification universelle, qu'ils n'avaient pas. Pour tous les premiers prédicateurs de l'Evangile, Jésus est le Messie prédit par les prophètes et le Sauveur de tous les hommes ; quoiqu'il n'ait parlé lui-même qu'aux Juifs, Jésus est venu aussi pour les gentils, et à tous il a apporté le salut par la rémission des péchés (3).

Akademie der Wissenschaften. Philosoph. histor. Classe, 1907, p. 397-398. Toute cette étude des données chronologiques des Actes et le livre entier : *Die Apostelgeschichte.* Leipzig, 1908, dont elle forme le premier chapitre, aboutissent à cette conclusion très nette que le livre dans son ensemble « est selon les intentions de l'auteur et en réalité une œuvre historique ».

(1) H. COUGET, *op. cit.*, p. 13.

(2) *Autour d'un petit livre*, Paris, 1903, p. 121-122.

(3) Cf. J. RIVIÈRE, *Le dogme de la rédemption.* Paris, 1905, p. 66-67 ; A. Harnack. *L'essence du christianisme.* 9ᵉ conférence, trad. franç., Paris, 1902, p. 163.

CHAPITRE II

Preuves que les apôtres donnaient de la messianité de Jésus.

Mais il ne suffisait pas d'attester que Jésus était le Messie ; il fallait le prouver et la tâche était ardue, tant en face des Juifs, qui n'avaient pas reconnu en Jésus le Messie attendu, que vis-à-vis des païens, qui étaient étrangers aux espérances messianiques d'Israël. Comment les apôtres s'y prirent-ils pour établir cette vérité ? Leur démonstration de la messianité de Jésus est tirée de trois ordres de faits qu'ils affirmaient : 1° les miracles que Jésus avait accomplis et qu'eux-mêmes accomplissaient en son nom ; 2° la mort de Jésus sur la croix ; 3° sa résurrection et sa glorification au ciel par Dieu (1).

(1) Bovon, *Théologie du Nouveau Testament*, t. II, p. 55.

ARTICLE PREMIER

Les miracles opérés par Jésus et en son nom.

Le premier argument invoqué était les miracles opérés par Jésus et en son nom. Dès le jour de la Pentecôte, saint Pierre présente Jésus comme un homme approuvé de Dieu parmi les Juifs par les miracles, les prodiges et les signes, que Dieu a accompli par son intermédiaire au milieu d'eux. Et ces faits étaient si notoires qu'il en appelle aux souvenirs de la foule, *sicut et vos scitis*, II, 22. C'est, il est vrai, la seule circonstance dans laquelle les miracles mêmes de Jésus ont été cités en preuve de sa messianité, et la preuve n'était pas décisive, puisque les prophètes, de simples envoyés de Dieu, avaient, sans être le Messie, opéré de pareils prodiges. Jésus, en raison de ses seuls miracles, aurait pu donc n'être qu'un prophète nouveau.

Toutefois, les miracles que les apôtres firent eux-mêmes au nom de Jésus devinrent bientôt une confirmation éclatante de la vérité de leur prédication, et ils provoquèrent de nombreuses conversions. Au temple, après la guérison du boiteux, saint Pierre n'attribue pas ce miracle à sa propre vertu ; c'est le Dieu de leurs pères qui a glorifié ainsi son serviteur Jésus, iii, 12, 13. Par la foi des deux apôtres, Pierre et Jean, au nom de Jésus, Dieu (1) a raffermi le boiteux ; le nom de Jésus invoqué et la foi en ce nom ont donné publiquement à cet homme la guérison. Saint Pierre confirma cette explication devant le sanhédrin, iv, 7-10, pour qui le fait était indéniable, 14-16. Aussi la puissance accordée par Dieu aux apôtres de faire des miracles au nom de Jésus fortifie la foi des croyants et permet d'annoncer la parole de Dieu en toute confiance, 29-30.

Les apôtres opéraient donc des miracles, et le nombre des croyants augmentait de plus en plus, v, 12-16. Gamaliel reconnaissait que si l'entreprise était de Dieu, personne ne pourrait l'arrêter ni l'empêcher de réussir, 39. Les autres miracles racontés dans les Actes, qu'ils soient faits par Philippe, viii, 6-8, 13, par Pierre, ix, 33-35, 37-42, par Paul seul, xiii, 8-12, par Paul et Barnabé, xiv, 3, 7-49, par Paul encore à Philippes, xvi, 18, à Ephèse, xix, 11, 12, et à Malte, xxviii, 3-10, servent à la propagation de la foi nouvelle. Opérés au nom du Seigneur Jésus, ou au moins par les prédicateurs de Jésus, ils confirment la vérité de la prédication faite de Jésus Messie.

---

(1) Il reste le sujet de la phrase d'après Blass, *op. cit.*, p. 67. Le P. Rose, *Les Actes des Apôtres*, Paris, 1905, p. 31, préfère cette autre traduction : « C'est par la foi en son nom que son nom, invoqué par eux, 6, a raffermi cet homme que vous voyez et connaissez. »

ARTICLE DEUXIÈME

La crucifixion de Jésus.

Le deuxième argument était tiré de la crucifixion de Jésus. Cette mort ignominieuse devait, au point de vue théocratique, diminuer l'heureuse impression produite par les miracles de Jésus. Les Juifs devaient se dire : Si Jésus est le Messie approuvé par Dieu, comment Dieu l'a-t-il laissé périr comme un pécheur ? Or les apôtres présentèrent le supplice de Jésus comme une marque de sa messianité. Au jour de la Pentecôte, saint Pierre, sans y chercher encore une preuve directe, explique au moins le fait comme une objection à écarter. La mort de Jésus sur la croix n'a rien qui pût discréditer le caractère messianique du supplicié, puisque Dieu l'avait voulue, prévue et préparée, ii, 23 (1). Au temple après la guérison du boiteux, Pierre devint agressif et il reprocha au peuple ce supplice. Tandis que Dieu glorifiait son serviteur Jésus, eux l'avaient livré à Pilate, avaient refusé l'offre faite par le gouverneur

(1) Cf. Bovon, *op. cit.*, t. II, p. 56.

romain de le relâcher, et avaient renié le saint et le juste, en lui préférant un meurtrier, et avaient mis à mort le prince de la vie, iii, 13-15. Il les excusa bientôt cependant, puisqu'ils avaient agi, eux et leurs chefs, par ignorance, quoique Dieu ait fait annoncer par la bouche de tous ses prophètes que *son Christ* devait souffrir ; il avait donc réalisé lui-même ses propres oracles, iii, 17, 18. Une accusation directe fut adressée aux sanhédrites : celui que vous avez *crucifié,* iv, 10. Dans leur action de grâces, après la délivrance de Pierre et de Jean, les fidèles citent une de ces prophéties messianiques, Ps. ii, 1, qui annonçait les vains complots des peuples et des grands, d'Hérode, de Pilate, des Juifs et des gentils contre l'oint du Seigneur et contre les siens, iv, 25-29. Les sanhédrites reprochaient aux apôtres de leur imputer la responsabilité du sang versé de cet homme, v, 28. Les apôtres maintinrent leur accusation et opposèrent de nouveau la conduite des chefs du peuple qui ont fait mourir Jésus en le suspendant au bois, à celle de Dieu qui l'a ressuscité, v , 30.

Saint Etienne traitait de son côté les sanhédrites de *proditores* et d'*homicidæ* du juste, vii, 52. Philippe explique à l'eunuque éthiopien une autre prophétie messianique, celle du serviteur souffrant de Jahvé, Is., liii, 7. Le prophète ne parlait pas de lui-même, mais d'un autre qui est Jésus. Jésus était donc la victime conduite à la boucherie, l'agneau se taisant sous la main qui le tond, et il est mort au milieu d'une génération qui n'a rien compris à ce mystère de la mort volontaire, viii, 28-35. A la synagogue d'Antioche de Pisidie, saint Paul dit la même chose que saint Pierre. Les habitants de Jérusalem et les chefs religieux de la nation, ignorant Jésus et les paroles des prophètes qu'on lit tous les samedis, l'ont jugé et, bien qu'ils n'aient aucun motif de le faire mourir, ils ont demandé à Pilate de le tuer, et lorsque tout ce qui a été écrit de lui a été accompli, ils l'ont descendu de la croix et déposé dans un sépulcre (1), viii, 27-29. A la synagogue de Thessalonique, il expliqua, trois samedis, les Ecritures, montrant que le Christ devait souffrir et que Jésus était ce Messie qu'il annonçait, xvii, 3. Dans son discours apologétique, prononcé devant le roi Agrippa, il déclara qu'avec le secours de Dieu il avait attesté chaque jour ce que les prophètes et Moïse avaient prédit, que le Christ était passible, etc., xxvi, 22, 23, et il fit appel à la foi d'Agrippa aux prophéties, 27.

Ces faits constatés, on ne peut dire avec M. Bovon (2), qui cite seulement, il est vrai, Act., ii, 23 ; iii, 18, que cet argument est moins une preuve directe qu'une sorte de travail préliminaire tendant à déblayer le terrain. Cette remarque n'est vraie que du premier discours de saint Pierre, auquel M. Bovon s'est arrêté. Mais,

____

(1) M. Le Roy a perdu de vue ce texte, lorsqu'il a écrit, *Dogme et critique*, Paris, 1907, p. 182, qu'une seule fois dans les Actes, ii, 29, il est parlé de tombeau et que c'est à propos du roi David. Le tombeau de Jésus est ici expressément mentionné. Voir mon article : *La sépulture de Jésus*, dans la *Revue pratique d'apologétique*, du 1er juillet 1907, p. 408-409.

(2) *Op. cit.*, t. II, p. 56.

en réalité, tous les prédicateurs de l'Eglise primitive ont parlé directement de la crucifixion et ont montré par les prophéties qu'elle avait été décidée par Dieu et qu'elle rentrait dans le plan messianique.

ARTICLE TROISIÈME

La résurrection de Jésus.

Le troisième argument, tiré de la résurrection de Jésus, et de son élévation en gloire, a été celui que les apôtres ont le plus développppé (1) . « Ici, dit M. Bovon (2), leur parole retentit comme un défi vis-à-vis de l'incrédulité israélite ; c'est un cri d'affranchissement en même temps qu'un chant de triomphe. » Le jour de la Pentecôte, saint Pierre inaugure son témoignage public en faveur de ce fait. Jésus, que les Juifs ont crucifié, Dieu l'a ressuscité, en le délivrant des liens du schéol, ii, 24. L'apôtre en donne deux raisons. D'abord, il était impossible que Jésus demeurât dans le schéol, puisque des oracles divins avaient prédit que le Messie ressusciterait. Le Psaume xv, 8-11, prédisait la résurrection, non de David, son auteur, dont le tombeau était encore à Jérusalem, mais d'un descendant de ce roi, et le Psaume cix, 1, que le Messie siégerait au ciel à la droite de

____

(1) P. Rose, *Etude sur les Evangiles*, 2ᵉ édit., Paris, 1902, p. 273-275.

(2) *Op. cit.*, t. II, p. 56-57.

Dieu, II, 29-35. Cette raison, tirée des Ecritures, était très convaincante pour des Israélites qui croyaient aux prophéties. Cf. XXVI, 27. A leurs yeux, elles avaient plus de valeur que l'affirmation des apôtres, déclarant qu'ils avaient vu Jésus ressuscité (1). Le rapprochement des prophéties avec les faits de la vie de Jésus étaient pour eux la meilleure démonstration de la messianité du Sauveur (2). Une autre raison indiquée d'un mot, II, 32, était l'attestation publique des apôtres eux-mêmes : ils sont les « témoins » accrédités et recevables de Jésus et spécialement de sa résurrection. Leur témoignage était en même temps une affirmation de la réalité historique du fait, et un argument juridique, faisant officiellement foi. Aussi la conclusion est-elle certaine : Jésus ressuscité est le Messie d'Israël, 36. Dieu a pourvu à ce qu'aucune des pièces de conviction ne fît défaut, et tout Israël doit être convaincu de la messianité de Jésus.

(1) Les apôtres, nous le verrons, ne négligent pas absolument cette preuve des apparitions et saint Luc en avait affirmé la force démonstrative, I, 3.

(2) Pour WEIZSÆCKER, *Das apostolische Zeitalter der christlichen Kirche*, 3ᵉ édit., Tubingue et Leipzig, 1902, p. 27-35, la preuve par les prophéties, ou le recours aux oracles messianiques de l'Ancien Testament, n'est pas primitive ; elle constitue le premier état de la théologie chrétienne. Les apôtres y recoururent, quand ils eurent pris conscience de la dignité messianique de leur Maître. Cependant M. LOISY, *Autour d'un petit livre*, p. 131, avoue que de l'Evangile critiquement interprété il ressort que Jésus a prêché l'avènement du royaume des cieux, et qu'il s'est fait connaître à ses disciples et à ses juges comme le Messie prédit à Israël ». En outre, « Jésus avait, dans plusieurs circonstances, fait appel aux prophéties pour prouver sa dignité messianique et pour la concilier avec les souffrances qu'il avait à supporter. » G. HERZOG, *La conception virginale du Christ*, dans la *Revue d'histoire et de littérature religieuses*, mars-avril 1907, p. 124. C'est donc à l'exemple du Maître que les apôtres citèrent les prophètes. Enfin, le recours aux prophéties en faveur d'un fait ne nuit en rien à la vérité historique de ce fait, comme l'insinue M. Le Roy, *Dogme et critique*, p. 174.

Mais, ici encore, il ne faut pas, avec M. Bovon(1). s'en tenir au premier discours de saint Pierre, Dans toute la période de la prédication apostolique, relatée dans les Actes, la résurrection de Jésus a été constamment présentée comme une preuve de la messianité du ressuscité. Au temple, après la guérison du boiteux, saint Pierre affirme ce fait, dont les apôtres sont les témoins attitrés, III, 15. Jésus doit demeurer au ciel jusqu'au jour de la restauration universelle, prédite par les prophètes, III, 21-26. La prédication de la résurrection de Jésus par les apôtres préoccupait les sanhédrites qui, pour faire taire les prédicateurs importuns, les emprisonnèrent, IV, 2, 3. Saint Pierre maintint énergiquement devant eux son affirmation, 10. A l'ordre de se taire, il répond qu'il ne peut pas ne pas dire ce qu'il a vu et entendu, 17-20. Aussi l'auteur du livre résume-t-il la prédication apostolique dans le témoignage rendu à la résurrection de Jésus, 33. Dans une nouvelle comparution devant le sanhédrin, Pierre insista avec force sur la résurrection et l'exaltation du crucifié, et au témoignage apostolique il joignit celui du Saint-Esprit, communiqué à tous les nouveaux serviteurs de Dieu, v, 30-32. Comment le Saint-Esprit est-il témoin de la résurrection et de l'exaltation de Jésus ? En ce qu'il avait été envoyé par le Christ ressuscité et glorifié, I, 4, 8 ; II, 33. Sa venue était donc une preuve que Jésus est ressuscité

____

(1) *Op. cit.*, t. II, p. 57-58.

et élevé en gloire au ciel (1). Sur le point de mourir, saint Etienne voit Jésus au ciel à la droite de Dieu, VII, 56. Auprès de Damas, Saul a une vision céleste, XXVI, 19, et Jésus ressuscité lui apparaît comme il avait apparu aux autres apôtres, I Cor., XV, 4-8.

Saint Pierre, catéchisant Corneille avant de le baptiser, affirme la résurrection de Jésus, ses apparitions à des témoins choisis d'avance par Dieu, et l'ordre donné aux apôtres de prêcher que Dieu l'a constitué juge des vivants et des morts, X, 40-42. Saint Paul prêche la résurrection de Jésus aux Juifs et aux païens. Dans la synagogue d'Antioche de Pisidie, il déclare que Dieu a ressuscité des morts, le troisième jour, Jésus qu'on avait mis au sépulcre et qui a été vu pendant plusieurs jours par ceux qui étaient montés avec lui de la Galilée à Jérusalem et qui *sont maintenant ses témoins* auprès du peuple, XIII, 30-31. Saint Paul appuie donc la résurrection sur les apparitions et, selon la juste remarque du P. Rose (2), sur les apparitions judéennes, les seules, d'ailleurs, dont saint Luc ait parlé dans son Evangile, XXIV, 13-51. Il l'appuie aussi sur la parole des apôtres, témoins vivants et actifs de Jésus ressuscité. Il y joint un troisième argument, tiré des oracles messianiques, non pas sans doute du Ps. II, 7, cité plutôt en faveur de la manifestation divine de Jésus

(1) B. Weiss, *Die Apostelgeschichte,* dans *Texte und Untersuchungen* de von Gebhardt et d'Harnack, Leipzig, 1893, t. IX, fasc. 3 et 4, p. 108.

(2) *Les Actes des Apôtres*, p. 131.

comme Messie (1), mais d'Isaïe, LV, 3, et du Ps. XV, 10, montrant que le corps du crucifié n'a pas connu la corruption du tombeau, XIII, 32-37. La démonstration est donc la même que celle de saint Pierre dans son discours de la Pentecôte. On en a conclu parfois que le discours de Paul avait été fabriqué par l'auteur du livre sur le modèle de celui de Pierre, de telle sorte que, au sentiment de Holtzmann (2), cette théologie ne serait ni pétrinienne ni paulinienne, mais lucanienne. Mais, même en attribuant à saint Luc la ressemblance du style, on ne peut, à moins de retomber dans la critique tendancieuse de Tubingue, le rendre responsable de la ressemblance du fond. Celle-ci provient de l'unité réelle et de l'identité de la première prédication chrétienne (3). A Thessalonique, Paul prouve aussi aux Juifs la résurrection de Jésus par les Ecritures, XVII, 3. A Athènes, il affirme ce fait aux païens eux-mêmes, XVII, 31. Il assure enfin au roi Agrippa qu'il a enseigné, conformément à Moïse et aux prophètes, que le Christ est le premier qui soit ressuscité des morts, XXVI, 23.

Les premiers prédicateurs de l'Evangile ont donc été unanimes à prêcher le fait de la résur-

---

(1) *Les Actes des Apôtres,* p. 131-133.

(2) *Apostelgeschichte,* 3ᵉ édit., Tubingue et Leipzig, 1901, p. 36. Weizsäcker, *Das apostolische Zeitalter,* p. 33-34, pense qu'au moins les deux discours ont été remaniés en vue de les rendre plus ressemblants. Cf. Feine, *Eine vorkanonische Ueberlieferung des Lukas in Evangelium und Apostelgeschichte,* Gotha, 1891, p. 170.

(3) H. Couget, *La Divinité de Jésus-Christ. L'enseignement de saint Paul,* Paris, s. d. (1906), p. 8-13 ; P. Prat, *La théologie de saint Paul,* t. I, p. 84.

rection (1). Ils en donnaient aussi les mêmes preuves : les oracles messianiques, les apparitions du ressuscité et leur propre témoignage.

(1) On peut voir par là combien est contraire aux textes l'affirmation si catégorique de M. Loisy, *Autour d'un petit livre*, p. 120, répétée par M. Le Roy, *Dogme et critique*, p. 181, qu'au début, la foi à la résurrection « fut la foi à la vie immortelle du crucifié bien plus qu'au fait initial qui est suggéré à notre esprit par le mot de résurrection. La prédication apostolique n'insistait pas sur les circonstances de cette résurrection, mais sur l'existence du ressuscité. » En réalité, les apôtres prêchaient ces *faits* : Jésus, mis à mort par les Juifs, déposé au sépulcre, a été ressuscité par Dieu ; il est apparu à ses apôtres et il a été élevé au ciel dans la gloire. Aussi l'opinion de MM. Le Roy et Loisy a-t-elle été justement condamnée par le Saint-Office, prop. 37, le 3 juillet 1907. Cf. M. Lepin, *Christologie*, Paris, 1908, p. 92-95.

CHAPITRE III

Nature de la messianité de Jésus, prêchée par les apôtres.

ARTICLE PREMIER

Le problème.

C'est le point de doctrine de tous le plus important au sujet de la messianité de Jésus, et aussi le plus délicat à déterminer. Nous avons, en effet, d'une part, à constater quels caractères messianiques les apôtres reconnaissaient à Jésus en face des espérances juives, et, d'autre part, à interpréter leur prédication en conformité ou en opposition avec les théories imaginées par les critiques modernes.

Les Juifs, contemporains des apôtres, attendaient le Messie. Or, Jésus, le Messie venu, que prêchaient les apôtres, était-il le même que le Messie, espoir de la nation juive ? Si nous nous en tenons aux écrits du Nouveau Testament, le Messie que le peuple espérait (nous ne parlons pas des lettrés qui avaient, à en juger par la littérature apocryphe, des sentiments particuliers sur le Messie), était le fils de David, annoncé par les prophètes, le roi par excellence, Matth., ii, 14 ; xx, 21 ; Joa., xi, 15, le restaurateur politique d'Israël, Marc, xv, 32, devant se manifester par des signes éclatants, quelque miracle céleste, Matth., xvi, 1, et inaugurer sur terre le règne éternel et universel de Dieu (1). Deux indices de cette croyance populaire se retrouvent dans les Actes. Le jour de l'Ascension, les apôtres demandent à Jésus s'il rétablira, en ce temps, le royaume d'Israël, i, 6. La populace de Thessalonique, soulevée par les Juifs, accusait, devant les politarques, Jason et sa maison d'agir contre les édits de César, en proclamant un autre roi, Jésus, xvii, 7.

D'autre part, quelques critiques modernes pensent que Jésus ne se serait pas reconnu Messie de son vivant, tout au plus se serait-il laissé donner ce nom par d'autres, sans le prendre lui-même. La foi en sa messianité serait née après sa mort de la foi de ses disciples à sa résurrection. Jésus n'était donc pas le Messie ; il l'est devenu dans l'esprit des apôtres, et il remplira ce rôle

---

(1) Cf. Bovon, *op. cit.*, t. I, p. 285 ; t. II, p. 55 ; M. Lepin, *Jésus Messie et Fils de Dieu d'après les Évangiles synoptiques*, 2ᵉ édit., Paris, 1905, p. 4-6.

plus tard, quand il viendra dans la gloire dont il jouit auprès de Dieu pour juger tous les hommes. C'est alors seulement qu'il fondera sur terre le royaume messianique. Il reparaîtra bientôt, et les disciples attendaient, non pas son *retour*, mais sa *venue* messianique (1).

Que pensent donc les apôtres des rêves politiques de leurs contemporains, et comment leur prédication est-elle en contradiction avec l'opinion d'un Messie purement et exclusivement eschatologique ? Les textes nous l'apprendront.

(1) C'est le sentiment de WELLHAUSEN, *Israelitische und Jüdische Geschichte*, 5ᵉ édit., Berlin, 1904 ; *Das Evangelium Marci*, Berlin, 1903 ; de N. SCHMIDT, *Son of man*, § 46, dans l'*Encyclopedia biblica* de Cheyne, Londres, t. IV, col. 4739 ; de WREDE, *Das Messiasgeheimnis in den Evangelien*, Gœttingue, 1901 ; de WERNLE, *Die Anfänge unserer Religion*, 2ᵉ édit., Tubingue, 1904, p. 99-102 ; de PFLEIDERER, *Die Entstehung des Christenthums*, 2ᵉ édit., Munich, 1907, p. 108-114, etc.

Solution du problème.

I. — Jésus ressuscité avait parlé à ses apôtres, à qui il apparaissait, du royaume de Dieu, ɪ, 3. Ils partageaient encore en quelque mesure les idées de leurs coreligionnaires, puisqu'ils lui demandent si, en ce temps, c'est-à-dire dans les quelques jours où ils devraient être baptisés du Saint-Esprit, ɪ, 5, il rétablirait le royaume « pour Israël ». Il leur répond qu'il ne leur appartient pas de connaître les temps et les moments fixés par le Père de sa propre autorité ; mais ils recevront le Saint-Esprit, et ils seront les témoins de Jésus à Jérusalem, en Judée et en Samarie et jusqu'aux extrémités de la terre, ɪ, 6-8. Jésus monte au ciel, 9, d'où il viendra comme il y est allé, c'est-à-dire qu'il descendra du ciel sur les nuées, comme il y est monté caché dans la nuée, 11.

Au rêve politique qui est encore dans l'esprit des siens, le Maître oppose donc la phase spirituelle du règne de Dieu, dans laquelle ils recevront le Saint-Esprit. Quant au moment de sa venue dernière, le Père l'a fixé ; ils n'ont pas à s'en occuper. En tout cas, un certain temps s'écoulera auparavant, puisqu'ils témoigneront en faveur de Jésus jusqu'aux extrémités de la terre. Cette mission fait-elle partie du royaume déjà commencé, ou bien n'est-elle destinée qu'à préparer le royaume à venir ? Sans être explicite, le récit semble dire que le temps messianique est commencé, puisque les apôtres recevront tout prochainement le Saint-Esprit, un don messianique, et qu'ils demandent si c'est maintenant que le royaume temporel d'Israël sera rétabli. En attendant aussi, Jésus est *monté* (et non *remonté*) au ciel, d'où il *viendra* (et non *reviendra*) sur la nuée. D'après cela, l'avenir messianique est donc spirituel et, en quelque mesure, eschatologique.

II. — L'élection de Matthias pour remplacer Judas a pour but de compléter le nombre de ceux qui devaient être témoins de Jésus dans le monde entier, i, 21, 22, et remplir leur mission au milieu du royaume spirituel déjà commencé. D'ailleurs saint Pierre, au jour de la Pentecôte, déclare expressément que les derniers temps sont inaugurés. La glossolalie réalise l'oracle messianique de Joël. Toutefois, elle n'est que l'accomplissement de l'abondante effusion du Saint-Esprit, prédite par ce prophète, ii, 15-18. La suite de la citation, 19-21, annonce des signes, des cataclysmes, avant-coureurs et précurseurs du jour de Jahvé. Mais cette partie de l'oracle n'est citée que pour amener le dernier verset, relatant que quiconque aura invoqué le nom du Seigneur sera sauvé. Cf. Act., ii, 39. Le salut messianique est

donc visé par saint Pierre sans relation étroite
avec la fin du monde et le jugement dernier.
« Saint Pierre parle bien d'un jugement, dit
M. Bovon (1), mais sans préciser l'époque. » On
ne peut donc tirer aucune conclusion sur la proximité de la parousie. Par ailleurs, l'interprétation
des oracles davidiques, 30, montre que ces oracles
messianiques convenaient à un descendant de
David. Le Messie, mort, enseveli et ressuscité en
la personne de Jésus, était donc de race davidique;
et Jésus, fils de David, était Messie avant sa mort.
La conclusion de ce discours est que tout Israël
sache comme une chose très certaine « que Dieu
a fait et Seigneur et Christ ce Jésus que vous avez
crucifié, » 36.

Cette conclusion si claire a été obscurcie par
quelques critiques. Pour M. Harnack (2), Jésus,
dans la première société chrétienne, a été reconnu
non seulement comme le Messie attendu, dont on
espérait le retour dans la gloire, au point qu'on
faisait abstraction de la « venue dans l'humilité » ;
on l'a regardé aussi comme le Seigneur vivant et
présent et comme le Sauveur. « Les premiers chrétiens, en reconnaissant que pour eux *Jésus-Christ
était le Seigneur,* le prenaient pour maître, ses
paroles devenaient le guide de leur vie, ils vou-
laient observer « tout ce qu'il leur avait ordonné ». « L'assemblée primitive appelait Jésus
son Seigneur, parce qu'il avait sacrifié sa vie pour
elle, parce qu'elle était convaincue qu'il était assis

(1) *Op. cit.,* t. II, p. 62.
(2) *L'essence du christianisme,* trad. franç., p. 163-164.

à la droite de Dieu. » Toute la christologie est sortie de là. « Parce qu'on le savait vivant, on le louait comme celui qui était assis à la droite du Père, comme victorieux de la mort, comme un prince de la vie, comme la source d'une nouvelle condition, comme la voie, la vérité et la vie. L'idée messianique rendait possible de l'établir sur le trône de Dieu sans porter atteinte au monothéisme. » C'est sa mort « pour nos péchés » et sa résurrection qui fortifièrent l'impression qu'avait faite sa personne et qui donnèrent à la foi ce point de départ : il s'est offert en sacrifice pour nous, il est mort et il vit. Voilà comment Jésus est devenu Christ et Seigneur par sa résurrection.

M. Loisy a fait le triage dans ces idées de M. Harnack, adoptant les unes et rejetant les autres. Il a mis de côté la mort de Jésus pour nos péchés dans cette élaboration soi-disant primitive de l'idée de Jésus Messie. « Autant qu'on en peut juger d'après des témoignages qui ont subi plus ou moins l'influence de la théologie paulinienne, ce fut la résurrection seule qui fit le Christ et l'établit sur son trône de gloire ; la mort n'était que la condition providentielle de la résurrection, condition voulue de Dieu, acceptée par Jésus » (1). « Les premiers chrétiens corrigeaient le fait brutal de la mort par la gloire de la résurrection... Mais si Jésus a été proclamé Christ et Seigneur par les premiers disciples, ce n'est point à cause de sa mort, c'est à cause de la résurrection qui l'a introduit dans la gloire de sa vocation messia-

____

(1) *L'Evangile et l'Eglise*, 2ᵉ édit., Bellevue, 1903, p. 113.

nique » (1). Précisant ailleurs sa pensée, après avoir cité Act., ii, 23, 24, 36, ce discours qui est un spécimen de la plus ancienne prédication chrétienne (2), le critique conclut : « Ces paroles établissent aussi une distinction fort nette entre Jésus de Nazareth, « homme » que les Juifs ont vu et entendu, dont ils ne peuvent avoir oublié les miracles, et le Seigneur Christ, que Dieu a exalté en le ressuscitant. Le « Seigneur Christ », glorifié dans la résurrection, est l'objet de la foi chrétienne, comme le Christ préexistant « en forme de Dieu ». Jésus de Nazareth est le prédicateur et le thaumaturge que tout le monde a connu » (3). Ainsi le Christ de l'histoire est distinct du Christ de la foi. Le premier est ressuscité le troisième jour après sa mort, « et il en est ainsi devenu Christ et Seigneur ; la preuve de sa dignité messianique est dans cette résurrection même, et la gloire dont il jouit se manifestera dans son prochain avènement. Quant à l'enseignement, Jésus avait prêché la pénitence en vue du royaume des cieux, c'est-à-dire en vue d'un jugement de Dieu qui était près de s'exercer sur les hommes, et d'un nouvel ordre de choses, ère de pur bonheur dans la parfaite justice, que ce jugement devait inaugurer » (4). Jésus lui-même avait déclaré à ses juges qu'il était le Messie promis à Israël. Il a

---

(1) *L'Evangile et l'Eglise*, p. 117.

(2) *Ibid.*, p. 16.

(3) *Autour d'un petit livre*, p. 111-112.

(4) *Ibid.*, p. 113. Cf. p. 131-133 ; *L'Evangile et l'Eglise*, p. 17 ; A. DUPIN, *Les origines des controverses trinitaires*, dans la *Revue d'histoire et de littérature religieuses*, mai-juin 1906, p. 219.

prêché l'avènement du règne de Dieu. « Il s'est dit le Messie, c'est-à-dire l'agent divin et l'ordonnateur de ce règne qui devait bientôt avoir son accomplissement » (1). Le Christ était homme parmi les hommes, sauf le mystère intime et indéfinissable de son rapport avec Dieu. Ce rapport se traduisait dans l'idée de Messie, et cette idée dans l'Evangile était comme un secret qui devait être manifesté par l'avènement du final royaume céleste. Les disciples avaient cru à ce mystère ; par sa résurrection, Jésus devint pour eux « le Seigneur » (2). Jésus ressuscité « était vivant, et non seulement vivant, mais exalté en gloire et en puissance, Seigneur et Christ auprès de Dieu, en attendant qu'il parût dans l'avènement du royaume des cieux. Cette détermination de la croyance, même appuyée sur les apparitions du Sauveur et sur les Ecritures, fut un grand acte de foi, sans lequel le mouvement évangélique tombait en naissant, devant l'incrédulité juive. Elle sauvait l'idée messianique dans son application à Jésus et permettait au christianisme de s'affirmer en face du judaïsme » (3).

Mais MM. Harnack et Loisy interprètent-ils exactement la conclusion du premier discours de saint Pierre ? En disant que Dieu a fait

____

(1) *Ibid.*, p. 115. Cf. *L'Evangile et l'Eglise*, p. 19-20, 83-89. Cette phrase a été citée dans l'Encyclique *Pascendi* du 8 septembre 1907, 1ᵉ partie, § 5, *l'apologiste.*

(2) *Ibid.*, p. 117.

(3) *Ibid.*, p. 120-121. Tout en croyant que Jésus était devenu Christ et Seigneur par la résurrection, c'est-à-dire par son entrée dans la gloire céleste, l'Eglise apostolique attendait en même temps sa *venue*, c'est-à-dire son avènement comme Christ, et non son *retour*, son ministère terrestre n'étant pas encore envisagé comme un avènement messianique. *L'Evangile et l'Eglise*, p. 89.

Seigneur et Christ Jésus crucifié par les Juifs, l'apôtre ne dit pas que Jésus a été créé, pour la première fois, Seigneur et Christ par sa résurrection. Celle-ci, pas plus que l'élévation en gloire, n'est pas le fondement premier et l'unique raison d'être de la messianité de Jésus ; elle est seulement une des marques, une des démonstrations de sa qualité de Christ et de Seigneur. Jésus était Messie avant sa mort ; en le ressuscitant et en l'élevant en gloire, Dieu en donne une preuve éclatante. « L'entrée de Jésus dans la gloire du Père ne marque donc pas son début comme Messie ; elle n'en est pas la date. Elle est le moment d'une phase nouvelle de son activité messianique, de celle où le royaume de Dieu se fonde sur la terre par l'envoi du Saint-Esprit. Le Fils de Dieu devait passer par la mort et ressusciter, racheter les hommes, avant que Dieu intervienne comme Père et que le Saint-Esprit ne leur soit donné. La formule, aux yeux de saint Luc, ne peut signifier autre chose que Dieu a fait Seigneur Christ glorieux, ce Jésus que vous avez crucifié » (1).

(1) P. Rose, *Les Actes des Apôtres*, p. 24. Sur ce passage du P. Rose, M. Loisy a fait les observations suivantes : « Accordons que telle soit la pensée de Luc ; il n'en reste pas moins que la formule n'y convient pas naturellement et que, pour exprimer de lui-même sa propre christologie, le rédacteur aurait parlé d'autre façon ; d'où probabilité que la formule vient d'une source où elle avait le sens que sa teneur suggère naturellement. Mais n'insistons pas sur ce point. » *Revue d'histoire et de littérature religieuses*, janvier-février 1906, p. 69. Il n'est pas prouvé que seuls les versets 22-24 et 36 appartenaient au soi-disant fond primitif du discours, et les chercheurs de sources ne sont pas parvenus à se mettre d'accord. En outre, même réduite à ce minimum, la source ne distinguait pas, comme M. Loisy, entre l'homme et le Christ ; c'est cet homme, accrédité par Dieu de son vivant, qui ressuscité a été fait par le même Dieu Christ et Seigneur. Il l'a été fait tant par ses miracles que par sa résurrection.

C'est dans le même sens que saint Paul, Rom.,
ɪ, **4,** rattache à la résurrection la manifestation
éclatante et solennelle de Jésus comme Fils de
Dieu, ἐν δυνάμει. C'est dans ce sens que le livre des
Actes tout entier, auquel nous revenons après
cette longue digression, entend la résurrection
de Jésus (1). Cette interprétation est, d'ailleurs,
nécessaire, si on admet la résurrection comme un
fait historique et non pas seulement comme un
objet de foi.

III. — L'enseignement de tout le livre des
Actes sur la nature du messianisme chrétien est
identique à celui de saint Pierre à la Pentecôte.
Au temple, après la guérison du boiteux, le même
apôtre affirme que Dieu a *glorifié* son serviteur
Jésus, le saint et le juste que les Juifs ont rejeté
et crucifié, l'auteur de la vie, ɪɪɪ, 13-16. Il recom-
mande le repentir des fautes et la conversion,
afin que des temps de rafraîchissement viennent
de la part de Dieu et pour que Dieu envoie celui
qu'il a destiné à ce but, Jésus qui demeurera au
ciel jusqu'à la restauration de toutes choses prédite par Moïse et les prophètes les plus anciens.
Suit une citation de Deut., xvɪɪɪ, 15, annonçant un
prophète nouveau, pris d'entre les Juifs, pareil à
Moïse, qui établira une alliance nouvelle, des
jours de bénédiction, prédits aussi par les prophètes, pour tous, d'abord pour Israël, en qui les
familles de la terre seront bénies, ɪɪɪ, 19-26. Comme
le dit justement M. Bovon (2), l'apôtre insiste

---

(1) Cf. Lepin, *Jésus Messie et Fils de Dieu,* 2ᵉ édit., p. 131-136 ;
Revue biblique, 1903, t. XII, p. 302-303.

(2) *Op. cit.,* t. II, p. 63.

moins sur la date de la venue de Jésus que sur les conditions requises pour préparer son triomphe. Il y a donc relation organique entre la formation du peuple messianique ici-bas et le règne définitif du Messie. « Jésus apparaîtra dans la gloire, mais lorsque les cœurs seront disposés à lui faire bon accueil. » Les espérances temporelles des apôtres, I, 6, sont donc transformées et spiritualisées. D'autre part, du rapprochement entre la citation de Gen., XII, 3, faite au verset 25, avec le verset 26, suivant lequel la bénédiction messianique vient par Jésus, on peut conclure que le Messie était considéré comme devant être de la postérité d'Abraham.

Le lendemain, Pierre dit au sanhédrin que Jésus crucifié et ressuscité est cette pierre d'angle rejetée par les bâtisseurs, et l'auteur du salut messianique, IV, 11, 12. Jésus, rejeté par les Juifs, a été fait par Dieu la pierre de fondation du règne messianique. C'est pourquoi désormais personne ne sera sauvé que par lui. Une autre fois, il répète à la même assemblée que Dieu a exalté Jésus par sa droite comme prince et sauveur, pour donner à Israël la repentance et le pardon des péchés, V, 31. Il s'agit toujours des conditions du règne messianique à partir de la résurrection, sans que rien n'indique que ce règne n'a commencé qu'après la résurrection. Jésus, au contraire, avait prêché durant sa vie terrestre la repentance et était devenu sauveur par sa mort.

Saint Étienne, ravi en extase, lève les yeux au ciel et voit la gloire de Dieu et Jésus debout à la droite de Dieu, et il s'écrie : « Voici, je vois les cieux ouverts, et le Fils de l'homme debout, à la droite de Dieu, » vii, 55, 56. Ce titre de Fils de l'homme, employé ici pour la seule fois dans le Nouveau Testament en dehors des Evangiles, introduit un élément nouveau relatif à la nature du Messie selon les Actes. Cette désignation est le nom que Jésus seul, en dehors de ce texte, se donnait à lui-même. Or il se l'est appliqué au sujet de son ministère public, en vue de sa passion et de sa mort, et relativement à sa parousie et à son triomphe final (1). La signification de ce nom doit donc convenir à ces trois stages de la carrière de Jésus, et pas seulement à son œuvre finale. Originairement, ce nom provient de Daniel, vii, 13, et désigne un être mystérieux, semblable à un fils d'homme, c'est-à-dire à un homme, assis à la droite de Dieu et devant apparaître sur les nuées. En l'adoptant pour nom messianique, Jésus a fait comprendre à ses contemporains que la venue du Fils de l'homme sur les nuées n'était pas l'acte unique et encore moins l'acte initial de la fondation du royaume de Dieu. Il leur a révélé que la vie de ce Fils de l'homme se déroulera en trois phases : apparition modeste et sans éclat, souffrance et mort, enfin venue glorieuse pour consommer l'œuvre de la rédemption. C'est le titre réservé au fondateur du royaume. Il en résulte donc que la fondation du royaume ne commencera pas à la parousie ; elle a commencé avec la première phase de la vie de Jésus. Les sanhédrites

---

(1) P. Rose, *Etudes sur les Evangiles*, p. 162-180 ; M. Lepin, *Jésus Messie et Fils de Dieu*, p. 110-114 ; Mgr Batiffol, *L'enseignement de Jésus*, 2ᵉ édit., Paris, s. d. (1905), p. 194-200 ; G. Dalman, *Die Worte Jesu*, t. I, p. 191-219.

n'ont compris la signification messianique de ce titre que lorsque Jésus leur dévoila la phase glorieuse et dernière de son existence messianique, Luc, XXII, 66-71. Dans la même salle et devant les mêmes juges, Etienne voit réalisée cette troisième phase que Jésus avait annoncée future. Ce nom, qu'il est seul à employer, il l'entend évidemment dans le même sens que son Maître, et, par conséquent, l'élévation de Jésus en gloire n'a pas été, pour lui, l'inauguration de la dignité messianique.

A la synagogue d'Antioche de Pisidie, saint Paul affirme que Dieu, selon sa promesse, a tiré Jésus, le sauveur d'Israël, de la race de David, XIII, 23. Or, par cet homme la rémission des péchés a été annoncée à Israël, et personne ne peut être justifié qu'en croyant en lui. Il y a donc lieu d'écarter la réalisation de cette parole des prophètes : « Ne méprisez pas l'œuvre que j'accomplis de vos jours en n'y croyant pas, » XIII, 38-41. La prédication du salut, accomplie par Jésus avant sa résurrection, faisait donc pour saint Paul partie de la mission messianique. En repassant à Lystres, à Iconium et à Antioche de Pisidie, Paul et Barnabé indiquent les conditions morales à remplir pour entrer dans le royaume de Dieu : il faut persévérer dans la foi et supporter beaucoup de tribulations, XIV, 20, 21. Paul déclare aux presbytres d'Ephèse, XX, 21, et à Agrippa qu'il a prêché le repentir, la conversion et les œuvres de pénitence, XXVI, 20.

Le même enseignement était donné aux païens. Saint Pierre apprend à Corneille que Jésus a été

établi par Dieu juge des vivants et des morts et
que tous les prophètes rendent de lui ce témoignage que quiconque croira en lui recevra par
son nom le pardon des péchés, x, 42, 43. L'Evangile prêché aux gentils purifie leurs cœurs, xv, 8, 9.
Saint Paul déclare aussi aux Athéniens que Dieu
a ressuscité des morts l'homme qu'il a désigné
pour juger le monde selon la justice au jour fixé
par lui, xvii, 31. Cf. I Thess., i, 9, 10 (1).

De ces traits réunis on peut conclure que le
Messie, prêché par les apôtres, quoiqu'il doive
être et qu'il soit un juif, un rejeton d'Abraham et
un fils de David, n'avait pas pour mission de rétablir le royaume terrestre d'Israël. Son but était
d'ordre spirituel : il devait fonder sur terre le
règne spirituel de Dieu, et durant son ministère
public il avait prêché les conditions morales à
remplir pour être membre de ce royaume et recevoir le salut messianique. Il est maintenant au
ciel, dans la gloire, debout à la droite de Dieu, où
il doit demeurer jusqu'à ce qu'il vienne renouveler
le monde et juger les vivants et les morts au jour
fixé par Jahvé. Il faut donc, d'après cela, distinguer avec M. Bovon (2) deux venues de Jésus
Messie : l'une, déjà passée et correspondant à son
ministère historique ; l'autre, future et consistant
dans sa descente du ciel sur les nuées pour rétablir

____

(1) On a remarqué que le jugement dernier, joint à la résurrection
des morts, avait été surtout annoncé aux païens. Les Juifs, qui
connaissaient le grand jour futur de Jahvé, n'avaient pas autant
besoin de recevoir cet enseignement.

(2) *Op. cit.*, t. II, p. 62.

toutes choses. En attendant, il reste au ciel dans la gloire. Quant à la date de cette venue glorieuse, elle n'est pas indiquée dans les Actes qui ne parlent pas explicitement de la proximité de la parousie.

SECONDE PARTIE

Jésus, Fils de Dieu.

Jésus n'était pas seulement le Messie attendu d'Israël ; il était aussi le Fils de Dieu. La filiation divine n'est pas souvent exprimée dans les Actes. En dehors des trois passages déjà signalés, iii, 13, 26 ; iv, 30, dans lesquels la Vulgate traduit παῖς par *filius*, il ne reste que trois autres endroits, viii, 37 ; ix, 20 ; xiii, 33, qui désignent expressément Jésus sous le titre de υἱὸς τοῦ Θεοῦ. Mais l'authenticité du premier est contestée et la signification des deux autres discutée. Toutefois, même à défaut d'attestations formelles, la divinité et la filiation divine de Jésus sont implicitement affirmées dans tout le livre des Actes. Nous étudierons donc successivement les textes explicites et l'enseignement implicite des Actes.

CHAPITRE PREMIER

Textes explicites en faveur de la filiation divine.

Le premier est très formel. C'est la profession
de foi que l'eunuque éthiopien aurait exprimée
avant son baptême : Πιστεύω τὸν υἱὸν τοῦ Θεοῦ εἶναι τὸν
Ἰησοῦν Χριστόν, VIII, 37. Mais les critiques modernes
tiennent généralement comme une interpolation
le verset tout entier qui la contient. Il manque
dans les manuscrits grecs onciaux les plus anciens
et dans beaucoup de cursifs, dans les versions
syriaques (Peschito et héracléenne), sahidique,
bohaïrique et éthiopienne. Il a été cité par saint
Irénée et saint Cyprien, sans parler des écrivains
ecclésiastiques postérieurs. Les manuscrits des
anciennes versions latines le reproduisent tous ;

mais il a été omis dans la plupart des manuscrits
de la revision de saint Jérôme ; aussi MM. Words-
worth et White l'ont-ils supprimé dans leur édition critique de cette revision (1). Brandscheid (2)
suppose qu'il a été retranché des manuscrits grecs
par des copistes arianisant. Le P. Hetzenauer,
qui l'avait mis en note dans son édition grecque
de l'*Apostolicum*, admet cependant son authenticité, parce qu'il est dans la Vulgate clémentine,
et parce qu'il est cité par saint Irénée et saint
Cyprien (3). L'édition clémentine n'est pas absolument parfaite et si l'Eglise la soumet jamais à
une revision, comme on peut l'espérer sérieuse-
ment depuis que les travaux préliminaires ont
été confiés par la Commission biblique à l'ordre
bénédictin, les reviseurs officiels l'excluront peut-
être comme les critiques anglicans. Tischen-
dorf (4), Hort et Westcott (5), F. Blass (6) (qui l'attribue à la seconde édition originale de saint Luc),
pour ne nommer que les principaux, le tiennent
pour une addition de la recension occidentale,

(1) *Novum Testamentum D. N. J. C. latine secundum editionem sancti Hieronymi*, Oxford, 1905, t. II, fasc. 1ᵉʳ, p. 91-92.

(2) *Handbuch der Einleitung im Neue Testament*, Fribourg-en-Brisgau, 1893, p. 181.

(3) Η ΚΑΙΝΗ ΔΙΑΘΗΚΗ ΕΛΛΗΝΙΣΤΙ, Inspruck, 1898, t. II, p. 24, 357.

(4) *Novum Testamentum græce*, 8ᵉ édit. majeure, Leipzig, 1872, t. II, p. 72.

(5) *The New Testament in the original greek*, Cambridge et Londres, 1882, Notes, p. 93.

(6) *Acta Apostolorum*, Gœttingue, 1895, p. 113. Cf. J. Belser, *Beiträge zur Erklärung der Apostelgeschichte*, Fribourg-en-Brisgau, 1897, p. 50-51 ; *Die Apostelgeschichte*, Vienne, 1905, p. 114 ; J. KNABENBAUER, *Comment. in Actus Apostolorum*, Paris, 1899, p. 153-154.

célèbre par ses nombreuses amplifications du texte. Quoi qu'il en soit, par là même que l'authenticité de ce texte est si fortement controversée, on ne peut tirer de la profession de foi de l'eunuque éthiopien un argument absolument certain en faveur de la filiation divine de Jésus.

Il reste pourtant encore dans les Actes deux textes authentiques dans lesquels cette filiation divine est exprimée. L'un d'eux se rencontre dans le récit de la conversion de Saul, ix, 20. Le narrateur rapporte que Saul converti et baptisé, après avoir passé quelques jours à Damas avec les disciples, se mit aussitôt à prêcher dans les synagogues que Jésus est le Fils de Dieu. Mais la signification de cette dénomination a été prise par beaucoup de commentateurs au sens purement messianique (1). Pour eux, ce titre s'explique suffisamment par la dignité messianique et ne désigne pas la filiation divine, réelle et naturelle (2).

« Il ne faut voir probablement dans ce texte, dit M. Couget (3), que le dessein du rédacteur,

---

(1) B. WEISS, *Apostelgeschichte,* p. 137 ; F. BLASS, *Acta Apostolorum,* p. 118 ; H. WENDT, *Die Apostelgeschiche,* Gœttingue, 1899, p. 191 ; G. B. STEVENS, *The Theology of the New Testament,* p. 266 ; H. HOLTZMANN, *Apostelgeschichte,* 3ᵉ édit., Tubingue et Leipzig, 1901, p. 69.

(2) A l'encontre de M. HARNACK, *L'essence du christianisme,* trad. franç., p. 137-140, M. Loisy a prétendu que le titre de Fils de Dieu était pour les Juifs, pour les disciples et pour le Sauveur lui-même l'équivalent du Messie. *L'Evangile et l'Eglise,* 2ᵉ édit., p. 73-111 ; *Autour d'un petit livre,* p. 117-129. Cf. P. ROSE, *Etudes sur les Evangiles,* p. 183-217 ; M. LEPIN, *Jésus Messie et Fils de Dieu,* p. 219-338.

(3) *La Divinité de Jésus-Christ. L'enseignement de saint Paul,* p. 6.

qui est de signaler la soudaineté et la profondeur du changement d'attitude du persécuteur. Deux versets plus loin, l'écrivain se montre, quoique encore bref, plus précis sur la méthode du converti : « Cependant Saul se fortifiait de plus en plus, et il confondait les Juifs qui habitaient Damas, *démontrant que Jésus est le Christ* », ix, 22, c'est-à-dire « le Messie ». Cependant, comme saint Paul, dans ses Epîtres, affirme très explicitement la filiation divine au sens théologique du mot (1), on peut conclure que l'auteur des Actes, qui a été son compagnon, son collaborateur, sinon strictement son disciple sur tous les points de sa doctrine (2), parlait ici de la filiation divine, réelle et naturelle (3).

Le second passage authentique des Actes, où il est expressément question de la filiation divine de Jésus, contient la citation du Ps. ii, 7 : Ὑίός μου εἶ σύ, ἐγὼ σήμερον γεγέννηκά σε, xiii, 33. Cette citation est faite par saint Paul, dans son grand discours prononcé à la synagogue d'Antioche de Pisidie, pour prouver que Jésus a réalisé la promesse divine aux ancêtres des Juifs. Mais ce passage n'est pas interprété par tous de la même manière. Plusieurs commentateurs estiment que le participe ἀναστήσας dans ce passage doit être traduit

_____

(1) M. Lepin, *op. cit.*, p. 341-347.

(2) Harnack, *Lukas der Arzt,* Leipzig, 1906, p. 13-14, 99-102.

(3) R. B. Rackham, *The Acts of the Apostles*, Londres, 1901, p. lxx, 138 ; C. F. Nösgen, *Commentar über die Apostelgeschichte des Lukas*, Leipzig, 1882, p. 202 ; M. Lepin, *op. cit.*, p. 340 ; J. Belser. *Die Apostelgeschichte,* p. 123 ; P. Prat, *La théologie de saint Paul,* t. I, p. 65.

« ressuscitant » et que, par suite, l'apôtre aurait regardé la résurrection comme le point de départ de la filiation divine, comme le moment où Jésus serait né Fils de Dieu (1). Toutefois, cette interprétation ne peut présenter un sens convenable que si on la rapproche de la pensée exprimée par saint Paul, Rom., I, 4, sur la manifestation du Fils de Dieu *puissant*. La citation du Psaume se vérifierait alors dans le Christ ressuscité et glorifié qui, à partir de sa résurrection, débute dans son rôle de Fils de Dieu puissant (2). Cependant, on a justement opposé à cette traduction plusieurs arguments qui sont à prendre en considération. Ailleurs, Act., III, 26, le participe ἀναστήσας ne peut s'entendre de la résurrection. En effet, il fait allusion à la parole du Deutéronome, XVIII, 15, citée au verset 22, et il désigne par suite la manifestation de Jésus comme Fils de Dieu. Cette manifestation, d'ailleurs, venait d'être indiquée par l'apôtre, XIII, 23, et l'orateur la reprenait en parlant du sauveur suscité par Dieu à Israël en accomplissement des promesses antérieures. Aussi, quand il parle directement de la résurrection au verset 34, il ajoute au verbe ἀναστήσεν le complément ἐκ νεκρῶν, pour bien préciser le sens et distinguer la résurrection de la manifestation du Fils de Dieu. Le plan du discours justifie enfin

(1) B. WEISS, *op. cit.*, p. 174 ; O. ZÖCKLER, *Die Apostelgeschichte*, 2ᵉ édit., Munich, 1894, p. 238.

(2) FELTEN, *Die Apostelgeschichte*, Fribourg-en-Brisgau, 1892, p. 265 ; Holtzmann, *op. cit.*, p. 173 ; P. ROSE, *Les Actes des Apôtres*, p. 133.

cette interprétation. Après avoir décrit sommaire-
ment la vie de Jésus, 23-31, l'orateur montre par
des prophéties qu'elle réalisait la promesse divine
faite aux patriarches, et il marque de références
bibliques au moins deux faits de cette vie : la première manifestation de Jésus comme Fils de Dieu
au baptême, 33 ; cf. Matth., III, 17 ; Luc, III, 22, et
sa résurrection, 34-37. La citation du Psaume
viserait donc cette première manifestation, et il
en résulterait que saint Paul n'a pas reconnu dans
la résurrection l'*hodie* de la génération divine. Il
l'aurait entendu de la manifestation solennelle de
Jésus comme Fils de Dieu faite au monde par le
Père céleste (1).

Le P. Rose (2) accepterait cette interprétation,
« car la théophanie qui éclata sur les rives du
fleuve sacré, a été la manifestation solennelle,
non pas tant pour la conscience de Jésus et pour
l'instruction de Jean que pour le peuple entier,
que Jésus était le Messie, Fils de Dieu. A cette
date, le Fils de Dieu est vraiment découvert
et révélé au monde. Mais si l'on se rappelle
que saint Paul ne parle jamais du baptême,
que ce fait si important de l'histoire évangélique
n'entre pas dans sa perspective, qu'il n'a jamais
compté dans sa construction christologique...

(1). Mgr Beelen, *Commentarius in Acta Apostolorum*, Louvain,
1850, t. II, p. 22-23 ; *Dissertatio theologica qua sententiam vulgo
receptam esse sacræ Scripturæ multiplicem interdum sensum lit-
teralem nullo fundamento satis firmo niti demonstrare conatur*,
Louvain, 1845, p. 61-77 ; Patrizi, *Institutio de interpretatione Biblio-
rum*, 2ᵉ édit., Rome, 1876, p. 17-18 ; Nösgen, *op. cit.*, p. 255-256 ;
J. Knabenbauer, *op. cit.*, p. 240 ; F. Blass, *op. cit.*, p. 152.
(2) *Les Actes des Apôtres*, p. 131-133.

on écartera prudemment, pensons-nous, l'hypothèse que nous avons rapportée. Le mot grec ἀναστήσας traduit le terme hébreu *héquîm* qui signifie *prodire fecit,* susciter. Saint Paul marquerait seulement le don que le Père a fait au monde en suscitant son Fils. » Cf. Gal., iv, 4. L'apôtre aurait parlé d'une manière générale sans relier cette manifestation à des dates connues.

Toutefois, Blass et Wendt entendent encore cette filiation divine, prédite dans le Ps. ii, 7, dans le sens messianique seulement. Le P. Rose lui-même (1) a entendu ce Psaume du roi théocratique, pour lequel la paternité divine n'implique qu'une providence spécialement attentive et bienveillante. C'est par métaphore que le chef de la nation est appelé fils de Jahvé. « Par l'onction sainte, il est engendré fils de Dieu et consacré à lui ; le jour de son couronnement est un jour de naissance. Jahvé le prend en protection particulière ; il lui dévolue ses droits sur toute la terre et lui assure une descendance qui ne sera pas éteinte. » Le roi messianique est aussi, comme Christ et oint, le fils de Dieu. « Mais cette formule n'implique pas une filiation d'une autre essence que celle qui est attribuée aux autres fils de Dieu. Au baptême, la voix du ciel révèle seulement le caractère messianique de Jésus, homme spécialement élu et aimé de Dieu. » Le fils de Dieu n'est pas l'unique de Dieu dans le sens johannique, mais le fils de Dieu dans le

---

(1) *Etudes sur les Evangiles,* p. 187-191.

sens davidique et prophétique (1). M. Lepin (2) reconnaît aussi que la filiation divine, déclarée au baptême, appartient d'abord à Jésus dans sa nature humaine et à raison de l'élection spéciale ou de l'adoption particulière, dont cette humanité a été l'objet de la part de Dieu. Il s'agit donc, à tout le moins, de l'élection ou de l'adoption messianique. Lorsque, plus loin, il recherche si Jésus est en réalité Fils de Dieu, dans un sens transcendant, par une partie supérieure et surhumaine de son être, il n'argumente plus directement sur la parole céleste : Tu es mon Fils bien-aimé. Il dit seulement que Jésus « est lui-même, en qualité de Fils, l'objet de la plus particulière affection de la part de son Père. Il est son Fils chéri et bien-aimé en qui reposent toutes ses complaisances » (3). Il affirme aussi que « Jésus est déclaré par ses disciples *le Fils de Dieu*, Act., ix, 20 ; xiii, 33 » (4). Ce n'est donc qu'indirectement et en s'appuyant sur les déclarations directes de la filiation divine de Jésus, que M. Lepin donne à la dénomination : Fils de Dieu, dans les passages qui nous occupent, la signification transcendante de la filiation réelle et naturelle. Dans ce sens, on peut dire que la filiation divine est attribuée à Jésus dans les Actes.

(1) *Etudes sur les Evangiles*, p. 193.
(2) *Jésus Messie et Fils de Dieu*, 2ᵉ édit., p. 87-88.
(3) *Ibid.*, p. 292.
(4) *Ibid.*, p. 340.

CHAPITRE II

Enseignement implicite du livre entier.

A supposer même qu'il fallût réduire la prédication primitive des apôtres au seul dogme de la messianité de Jésus ; à supposer que saint Pierre dans ses premiers discours n'ait présenté à la foule dans la personne du Christ Jésus qu'un homme rempli de la puissance divine, l'oint de Jahvé, de race davidique, quoique supérieur à ses ancêtres les rois de Juda (1), on pourrait dire encore que cet enseignement, quelque élémentaire qu'il soit, a été le vrai point de départ de toute la christologie subséquente (2). Mais il vaut mieux dire,

(1) Cf. BOVON, *op. cit.*, t. II, p. 60.

(2) Non pas toutefois dans le sens de M. LOISY, *Autour d'un petit livre*, p. 133-134, justement condamné dans les propositions 27° et 31° du décret *Lamentabili*, comme si le dogme de la divinité de Jésus était une simple évolution de l'idée messianique, mais bien dans ce sens que la prédication apostolique a débuté par la messianité pour en déduire, celle-ci admise, la divinité de Jésus.

semble-t-il, que cette première prédication, adressée à des Juifs et ne tendant qu'à la conversion des âmes, ne montrait en Jésus que le libérateur, annoncé par les prophètes et attendu par le peuple, par ménagement pour des auditeurs prévenus (1). Les anciens commentateurs ont reconnu ce caractère économique des premiers discours des apôtres, et récemment encore le P. Durand l'appelait « une adaptation pédagogique ». « Dans ce premier contact avec les Juifs, qui viennent de rejeter Jésus, parce qu'il s'est dit Fils de Dieu, les apôtres affectent de parler la langue reçue en matière de messianisme. Cependant, ces locutions *de plano* n'ont d'autre but que d'introduire celle de *Fils de Dieu*. Cf. ix, 20 ; xiii, 33 » (2).

En effet, les arguments invoqués par les apôtres en faveur de la messianité de Jésus conduisent à deux conceptions christologiques divergentes, quoique cette différence n'aille pas jusqu'à la contradiction. L'argument tiré des miracles présente un homme rempli de la puissance de Dieu, mais qui pourrait n'être, à la rigueur, qu'un grand prophète. L'argument, tiré de la résurrection, porte plus haut. Le Christ ressuscité est exalté par une action spéciale de Dieu et élevé en gloire auprès du Père, ce qui le distingue de tous les hommes. Par sa résurrection, il est devenu Seigneur glorieux et immortel. Or, il est constamment désigné

---

(1) Mgr Le Camus, *L'œuvre des apôtres*, 2ᵉ édit., Paris, 1905, t. I, p. 35-37.

(2) *L'Évangile de l'enfance*, dans la *Revue pratique d'apologétique*, 15 décembre 1906, t. III, p. 330, note 6.

par ce titre ὁ Κύριος que les Israélites de langue grecque réservaient à Dieu lui-même. Dans les Actes ce nom désigne tantôt Dieu, ii, 20, 21; iii, 20, 22 ; iv, 29, etc., tantôt Jésus, appelé simplement *Seigneur,* i, 6 ; ii, 36 ; vii, 60 ; ix, 1 ; xi, 23, 24, etc. ; le *Seigneur de tous,* x, 36 ; le *Seigneur Jésus,* i, 21 ; vii, 59 ; xvi, 31; le *Seigneur Jésus-Christ,* iv, 33 ; xxviii, 31. Ce dernier verset du livre résume dans ce nom toute la doctrine des Actes sur Jésus (1). On hésite parfois à savoir qui de Dieu ou de Jésus est nommé Seigneur ; ainsi i, 24. « Etant donné l'emploi fait par les Septante de Κύριος comme nom de Jahvé, il est difficile de voir comment un esprit juif pouvait attacher à la κυριότης attribuée à Jésus un sens qui n'impliquât pas un caractère surhumain » (2). Aussi a-t-on pu dire (3) qu'imperceptiblement, dans les Actes, Jésus se glisse à la place du Seigneur Jahvé de l'Ancien Testament.

Ce n'est pas seulement le nom du Dieu de l'Ancien Testament que Jésus prend dans les Actes, il a aussi des qualités et des pouvoirs divins qui le placent incomparablement au-dessus des hommes et des anges, et à l'égal de Dieu. Saint Pierre l'appelle « l'auteur de la vie », iii, 15, « la pierre angulaire » qui soutient tout l'édifice, iv, 11, le seul au nom de qui on puisse être sauvé, iv, 12,

____

(1) Bovon, *op. cit.,* t. II, p. 59.

(2) Stevens, *The Theology of the New Testament,* p. 266. B. Weiss, *Biblical Theology of the New Testament,* trad. anglaise, 1872, p. 180, dit de son côté : « Le Messie qui est élevé à cette κυριότης, doit être évidemment un être divin. »

(3) Rackham, *The Acts of the Apostles,* p. lxxiii.

le chef et le sauveur, v, 31 ; xv, 11, le juge des vivants et des morts, x, 42. Saint Paul l'appelle aussi sauveur, xiii, 23. On lui assigne les mêmes fonctions qu'à Dieu. Il répand sur les apôtres le Saint-Esprit, ii, 33, que le Père avait promis de leur envoyer, ii, 17, et l'Esprit du Seigneur, v, 9 ; viii, 39, est dit l'Esprit de Jésus, xvi, 7. Aussi bien que Dieu, xiii, 17, il choisit, i, 2 ; il protège par sa présence, xviii, 10, comme Dieu lui-même, vii, 9. On lui attribue la grâce, xiv, 3 ; xv, 11, comme à Dieu, xiii, 43 ; xiv, 25 ; xv, 40 ; xx, 24, 32 ; la parole, viii, 25 ; xiii, 49 ; xv, 36 ; xix, 10, 20, aussi bien qu'à Dieu, vi, 7 ; viii, 14 ; xiii, 5, 7, 46 ; la voie, xviii, 25, 26, et la volonté, xxi, 14, comme à Dieu, xxii, 14. Il donne des signes miraculeux et fait des prodiges, xiv, 3, comme Dieu lui-même, ii, 19 ; xv, 12. On se convertit à lui, ix, 35 ; xi, 21, comme on se convertit à Dieu, xxvi, 20. Quand ces qualités et fonctions divines sont assignées au *Seigneur*, on se demande parfois si c'est au *Seigneur Dieu* ou au *Seigneur Jésus*. Le plus souvent sans doute, il s'agit de ce dernier, mais le seul fait de l'ambiguïté et de l'embarras du commentateur est le plus fort argument en faveur de l'identité des attributions (1).

Enfin, la position que Jésus occupe auprès de Dieu et les relations de ses disciples avec lui ne peuvent, sans blasphème, s'expliquer que s'il est Dieu. Il est à la droite de Dieu, dans la gloire divine, vii, 55, 56, et on le prie, vii, 60. Etienne remet directement son âme entre ses mains, vii, 59,

____

(1) Rackham, *op. cit.*, p. lxxii.

comme lui-même avait remis la sienne à son Père, Luc, xxiii, 46. Les apôtres sont heureux de souffrir persécution, d'endurer les outrages, d'affronter la prison et la mort pour lui, v, 41 ; xv, 26 ; xxi, 13. Ils rapportent à sa puissance les miracles qu'ils opèrent en son nom, iii, 16 ; iv, 10 ; ix, 34 ; xvi, 18 ; cf. xix, 13, 14. C'est en son nom aussi qu'ils confèrent le baptême, ii, 38 ; x, 48 ; xix, 5 ; xxii, 16. Or étant donné que les Juifs résumaient dans le nom de Jahvé (le tétragramme ineffable) tout ce que la révélation leur avait appris sur Dieu, il est remarquable que, dans les Actes, *le nom* est toujours celui de Jésus. Les fidèles sont ceux qui invoquent son nom, ix, 14, 21, et les apôtres prêchent son nom, ix, 15, ou en son nom, viii, 12 (1).

Il ressort de toutes ces constatations que le Christ des Actes est bien le Christ Dieu et Fils de Dieu, participant intimement aux pouvoirs et aux privilèges de Dieu. Même en n'envisageant que les premiers chapitres du livre, Stevens (2) reconnaît que les descriptions qu'ils donnent du caractère et de l'œuvre absolument uniques du Christ lui paraissent tout à fait inconciliables avec l'hypothèse d'une personne purement humaine. Et il ajoute que « l'absence de toute trace d'une théorie générale concernant la personne du Christ est une des marques d'historicité que présentent les premiers chapitres des Actes ». Les apôtres se bornent à prêcher que Jésus était Dieu et Fils de

---

(1) RACKHAM, *op. cit.*, p. LXXIII. Cf. LEPIN, *Jésus Messie et Fils de Dieu*, p. 340-341.

(2) *The Theology of the New Testament*, p. 267.

Dieu ; et c'est tout ; ils ne disent pas comment il est Fils de Dieu et Dieu lui-même. La doctrine de l'Incarnation n'est donc qu'implicite dans les Actes, et Rackham a pu dire que « les apôtres eux-mêmes ne réalisaient pas entièrement au commencement ce qui était intellectuellement contenu dans leur attitude envers le Seigneur. Mais ils vivaient par leur foi en lui et leur foi s'est graduellement développée dans leur intelligence consciente » (1).

Enfin, si les Actes ne parlent ni de la conception virginale ni de la naissance de Jésus *ex Maria virgine*, leur silence s'explique fort bien. « Les Actes, dit excellemment M. Rackham (2), sont seulement un second volume, et le premier commençait par le récit de la conception miraculeuse. La raison du silence des Actes est la même que pour le silence des chapitres suivants de l'Evangile. Les Juifs avaient à apprendre le sens de la personnalité de Jésus en entendant sa propre révélation de lui-même dans sa parole et dans ses œuvres. Commencer en proclamant l'histoire de sa naissance miraculeuse aurait créé un préjugé et empêché la réception de cette révélation. Semblablement dans les Actes, Juifs et gentils avaient d'abord à apprendre ce que Jésus *avait fait et dit*, i, 1. C'était seulement lorsqu'ils avaient appris cela qu'il était temps de demander qui il était et d'où il est venu. C'est pourquoi la prédication de l'Evangile par les apôtres com-

____

(1) *Op. cit.*, p. LXXII.
(2) *Ibid.*, p. LXXIV.

mença par le baptême du Seigneur, car ce fut avec
ce baptême que leur propre expérience avait commencé. Les apôtres ne pouvaient pas donner leur
témoignage personnel de la conception miraculeuse de la même façon qu'ils pouvaient le faire de
la crucifixion et de la résurrection (1). Ils savent
qu'il est le Fils de Dieu et pour le moment il
suffisait de déclarer que Dieu l'avait ressuscité.
Cependant Marie est appelée mère de Jésus, i, 14,
et Jésus était de la race d'Abraham, iii, 25, et de
David, xiii, 23 ; mais aucune allusion n'est faite à
un père humain. »

(1) Cf. VACANDARD, dans la *Revue pratique d'apologétique*, du
1ᵉʳ juillet 1907, p. 413-414.

TABLE DES MATIÈRES

PREMIÈRE PARTIE

Jésus, Messie.

CHAPITRE PREMIER. — Constance et unanimité à présenter Jésus comme Messie aux Juifs et aux païens........ 7
Art. Iᵉʳ. — Prédication du Messie aux Juifs........... 7
Art. IIᵉ. — Prédication du Messie aux païens.......... 13

CHAPITRE II. — Preuves que les apôtres donnaient de la messianité de Jésus................................. 17
Art. Iᵉʳ. — Les miracles opérés par Jésus et en son nom. 18
Art. IIᵉ. — La crucifixion de Jésus.................. 20
Art. IIIᵉ. — La résurrection de Jésus 24

CHAPITRE III. — Nature de la messianité de Jésus prêchée par les apôtres............................... 30
Art. Iᵉʳ. — Le problème.............................. 30
Art. IIᵉ. — Solution du problème..... 33

DEUXIÈME PARTIE

Jésus, Fils de Dieu.

CHAPITRE PREMIER. — Textes explicites en faveur de la filiation divine................................. 48
CHAPITRE II. — Enseignement implicite du livre entier... 56

111-08. — Impr. des Orph.-Appr., F. Blétit, 40, rue La Fontaine,
Paris-Auteuil.

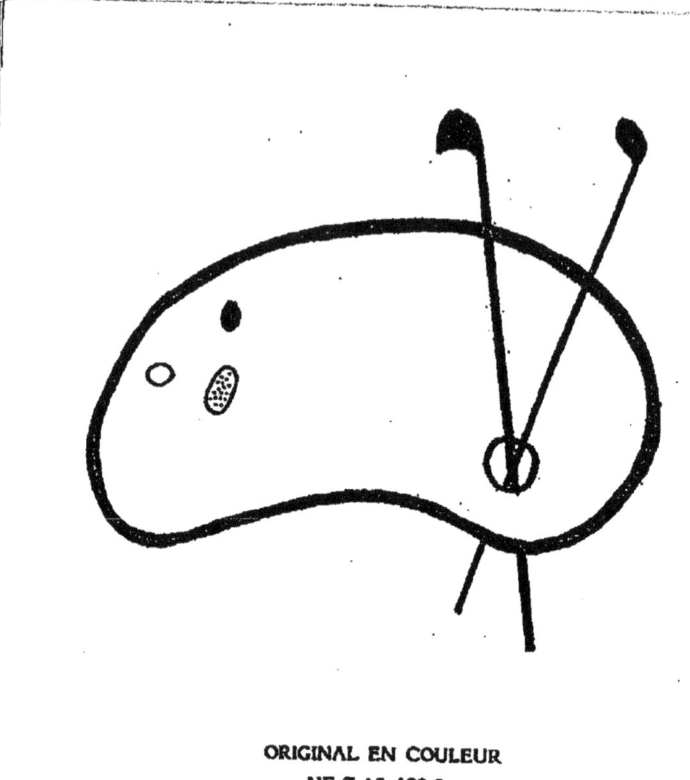

ORIGINAL EN COULEUR
NF Z 43-120-8

www.ingramcontent.com/pod-product-compliance
Lightning Source LLC
Chambersburg PA
CBHW051130050726
47594CB00003B/1030